Printed in the United States of America

First Printing, 2021

ISBN 1-7350530-2-8

Helbig Enterprises
P.O. Box 771329
Lakewood, OH 44107

www.Helbig Enterprises.com

Seize This Day
Specific Itemized Lists of Objectives Program

SILOs provide you with the opportunity to break down your goals into small action steps. One key to SILO strategy is to work on no more than 3 goals at a time. Anything over 3 goals will be overwhelming and difficult to manage.

What do you do with any additional goals? Put them on the notes page so you can stop thinking about them and focus on the current activities. They'll be there when you are ready for them.

REMEMBER: You can do anything you want. You just can't do it all at the same time.

Once you've picked a goal, write it at the top of a silo

Now that you have the goal, list action steps in the silo. These are the micro actions you need to take in order to move toward accomplishing the goal.

Now, take each action item and put them on your calendar as appointments. You can schedule each step in as little as 15 minute sessions.

Try not to schedule a big block of time to accomplish a lot of tasks. It's hard to commit to large segments of time. On the other hand, knocking out a small action step in 15-30 minutes is doable.

As you accomplish an action step, put a check mark in the righthand column on the SILO. There are extra SILOs if you fill one up.

At the end of each month there is a review page. Another key to accomplishing goals is monitoring progress in real time. 30 days is a good block of time – not too long and not too short.

You'll see we've added an appointment on the last day of the month in your calendar for engaging in this review. It's that important!

Breaking goals down into very small action steps is one of the best strategies. And the truth is you have to take small steps to get to goal. No one jumps straight to the end.

Consider eliminating distractions by sequestering yourself during action times. Turn off electronics (or put them in another room), don't check email, put out a do not disturb sign. Treat these appointments as if they are sales appointments. You wouldn't schedule over a sales meeting would you?

Enjoy the process and be sure to celebrate your wins. And if you find you could use some assistance, accountability, and/or support, visit www.talkwithdiane.com to schedule a time to talk. You're not in this journey alone.

To your success,

Diane
diane@helbigenterprises.com
(888) 229-3357

S.I.L.O.S

S.I.L.O.S

JANUARY

MONDAY	TUESDAY	WEDNESDAY	THURSDAY
4	5	6	7
11	12	13	14
18 *MLK JR DAY*	19	20	21
25	26	27	28

GOALS

FRIDAY	SATURDAY	SUNDAY	NOTES TO MYSELF
1 *NEW YEAR'S DAY*	2	3	
8	9	10	
15	16	17	
22	23	24	
29	30	31	

If you aim at nothing, you'll hit it every time.

Unknown

JAN

	THURSDAY	FRIDAY 1	SATURDAY 2	CELEBRATE
6:00				
6:30				
7:00				
7:30				
8:00				
8:30				
9:00				
9:30				
10:00				
10:30				
11:00				
11:30				
12:00				
12:30				
1:00				
1:30				
2:00				
2:30				
3:00				
3:30				
4:00				
4:30				
5:00				
5:30				
6:00				
6:30				
7:00				
7:30				
8:00				
8:30				
9:00				

NOTES

JAN	SUNDAY 3	MONDAY 4	TUESDAY 5	WEDNESDAY 6
6:00				
6:30				
7:00				
7:30				
8:00				
8:30				
9:00				
9:30				
10:00				
10:30				
11:00				
11:30				
12:00				
12:30				
1:00				
1:30				
2:00				
2:30				
3:00				
3:30				
4:00				
4:30				
5:00				
5:30				
6:00				
6:30				
7:00				
7:30				
8:00				
8:30				
9:00				

JAN

	THURSDAY 7	FRIDAY 8	SATURDAY 9	CELEBRATE
6:00				
6:30				
7:00				
7:30				
8:00				
8:30				
9:00				
9:30				
10:00				
10:30				
11:00				
11:30				
12:00				
12:30				
1:00				
1:30				
2:00				
2:30				
3:00				
3:30				
4:00				
4:30				
5:00				
5:30				
6:00				
6:30				
7:00				
7:30				
8:00				
8:30				
9:00				

NOTES

JAN	SUNDAY 10	MONDAY 11	TUESDAY 12	WEDNESDAY 13
6:00				
6:30				
7:00				
7:30				
8:00				
8:30				
9:00				
9:30				
10:00				
10:30				
11:00				
11:30				
12:00				
12:30				
1:00				
1:30				
2:00				
2:30				
3:00				
3:30				
4:00				
4:30				
5:00				
5:30				
6:00				
6:30				
7:00				
7:30				
8:00				
8:30				
9:00				

JAN	THURSDAY 14	FRIDAY 15	SATURDAY 16	CELEBRATE
6:00				
6:30				
7:00				
7:30				
8:00				
8:30				
9:00				
9:30				
10:00				
10:30				
11:00				
11:30				
12:00				
12:30				
1:00				
1:30				
2:00				
2:30				
3:00				
3:30				
4:00				
4:30				
5:00				
5:30				
6:00				
6:30				
7:00				
7:30				
8:00				
8:30				
9:00				

NOTES

JAN	SUNDAY 17	MONDAY 18	TUESDAY 19	WEDNESDAY 20
6:00				
6:30				
7:00				
7:30				
8:00				
8:30				
9:00				
9:30				
10:00				
10:30				
11:00				
11:30				
12:00				
12:30				
1:00				
1:30				
2:00				
2:30				
3:00				
3:30				
4:00				
4:30				
5:00				
5:30				
6:00				
6:30				
7:00				
7:30				
8:00				
8:30				
9:00				

JAN

	THURSDAY 21	FRIDAY 22	SATURDAY 23	CELEBRATE
6:00				
6:30				
7:00				
7:30				
8:00				
8:30				
9:00				
9:30				
10:00				
10:30				
11:00				
11:30				
12:00				
12:30				
1:00				
1:30				
2:00				
2:30				
3:00				
3:30				
4:00				
4:30				
5:00				
5:30				
6:00				
6:30				
7:00				
7:30				
8:00				
8:30				
9:00				

NOTES

JAN	SUNDAY 24	MONDAY 25	TUESDAY 26	WEDNESDAY 27
6:00				
6:30				
7:00				
7:30				
8:00				
8:30				
9:00				
9:30				
10:00				
10:30				
11:00				
11:30				
12:00				
12:30				
1:00				
1:30				
2:00				
2:30				
3:00				
3:30				
4:00				
4:30				
5:00				
5:30				
6:00				
6:30				
7:00				
7:30				
8:00				
8:30				
9:00				

JAN	THURSDAY 28	FRIDAY 29	SATURDAY 30	CELEBRATE
6:00				
6:30				
7:00				
7:30				
8:00				
8:30				
9:00				
9:30				
10:00				
10:30				
11:00				
11:30				
12:00				
12:30				
1:00				
1:30				
2:00				
2:30				
3:00				
3:30				
4:00		30 DAY REVIEW		
4:30				
5:00				
5:30				
6:00				
6:30				
7:00				
7:30				
8:00				
8:30				
9:00				

NOTES

30 DAY REVIEW

1. WHAT WORKED?

2. WHAT DIDN'T WORK?

3. DID I HIT MY GOAL(S)? YES ______ NO ______

4. WHAT'S MY PLAN FOR NEXT 30 DAYS?

NOTES

S.I.L.O.S

S.I.L.O.S

FEBRUARY

MONDAY	TUESDAY	WEDNESDAY	THURSDAY
1	2 *GROUNDHOGS DAY*	3	4
8	9	10	11
15 *PRESIDENT'S DAY*	16	17	18
22	23	24	25

GOALS

FRIDAY	SATURDAY	SUNDAY
5	6	7
12	13	14 *VALENTINE'S DAY*
19	20	21
26	27	28

NOTES TO MYSELF

FEB	SUNDAY 31	MONDAY 1	TUESDAY 2	WEDNESDAY 3
6:00				
6:30				
7:00				
7:30				
8:00				
8:30				
9:00				
9:30				
10:00				
10:30				
11:00				
11:30				
12:00				
12:30				
1:00				
1:30				
2:00				
2:30				
3:00				
3:30				
4:00				
4:30				
5:00				
5:30				
6:00				
6:30				
7:00				
7:30				
8:00				
8:30				
9:00				

FEB	THURSDAY 4	FRIDAY 5	SATURDAY 6	CELEBRATE
6:00				
6:30				
7:00				
7:30				
8:00				
8:30				
9:00				
9:30				
10:00				
10:30				
11:00				
11:30				
12:00				
12:30				
1:00				
1:30				
2:00				
2:30				
3:00				
3:30				
4:00				
4:30				
5:00				
5:30				
6:00				
6:30				
7:00				
7:30				
8:00				
8:30				
9:00				

NOTES

FEB	SUNDAY 7	MONDAY 8	TUESDAY 9	WEDNESDAY 10
6:00				
6:30				
7:00				
7:30				
8:00				
8:30				
9:00				
9:30				
10:00				
10:30				
11:00				
11:30				
12:00				
12:30				
1:00				
1:30				
2:00				
2:30				
3:00				
3:30				
4:00				
4:30				
5:00				
5:30				
6:00				
6:30				
7:00				
7:30				
8:00				
8:30				
9:00				

FEB

	THURSDAY 11	FRIDAY 12	SATURDAY 13	CELEBRATE
6:00				
6:30				
7:00				
7:30				
8:00				
8:30				
9:00				
9:30				
10:00				
10:30				
11:00				
11:30				
12:00				
12:30				
1:00				
1:30				
2:00				
2:30				
3:00				
3:30				
4:00				
4:30				
5:00				
5:30				
6:00				
6:30				
7:00				
7:30				
8:00				
8:30				
9:00				

NOTES

FEB	SUNDAY 14	MONDAY 15	TUESDAY 16	WEDNESDAY 17
6:00				
6:30				
7:00				
7:30				
8:00				
8:30				
9:00				
9:30				
10:00				
10:30				
11:00				
11:30				
12:00				
12:30				
1:00				
1:30				
2:00				
2:30				
3:00				
3:30				
4:00				
4:30				
5:00				
5:30				
6:00				
6:30				
7:00				
7:30				
8:00				
8:30				
9:00				

FEB

	THURSDAY 18	FRIDAY 19	SATURDAY 20	CELEBRATE
6:00				
6:30				
7:00				
7:30				
8:00				
8:30				
9:00				
9:30				
10:00				
10:30				
11:00				
11:30				
12:00				
12:30				
1:00				
1:30				
2:00				
2:30				
3:00				
3:30				
4:00				
4:30				
5:00				
5:30				
6:00				
6:30				
7:00				
7:30				
8:00				
8:30				
9:00				

NOTES

FEB	SUNDAY 21	MONDAY 22	TUESDAY 23	WEDNESDAY 24
6:00				
6:30				
7:00				
7:30				
8:00				
8:30				
9:00				
9:30				
10:00				
10:30				
11:00				
11:30				
12:00				
12:30				
1:00				
1:30				
2:00				
2:30				
3:00				
3:30				
4:00				
4:30				
5:00				
5:30				
6:00				
6:30				
7:00				
7:30				
8:00				
8:30				
9:00				

FEB	THURSDAY 25	FRIDAY 26	SATURDAY 27	CELEBRATE
6:00				
6:30				
7:00				
7:30				
8:00				
8:30				
9:00				
9:30				
10:00				
10:30				
11:00				
11:30				
12:00				
12:30				
1:00				
1:30				
2:00				
2:30				
3:00				
3:30				
4:00			30 DAY REVIEW	
4:30				
5:00				
5:30				
6:00				
6:30				
7:00				
7:30				
8:00				
8:30				
9:00				

NOTES

30 DAY REVIEW

1. WHAT WORKED?

2. WHAT DIDN'T WORK?

3. DID I HIT MY GOAL(S)? YES ________ NO ________

4. WHAT'S MY PLAN FOR NEXT 30 DAYS?

NOTES

S.I.L.O.S

S.I.L.O.S

MARCH

MONDAY	TUESDAY	WEDNESDAY	THURSDAY
1	2	3	4
8	9	10	11
15	16	17 *ST. PATRICK'S DAY*	18
22	23	24	25
29	30	31	

GOALS

FRIDAY	SATURDAY	SUNDAY
5	6	7
12	13	14
19	20	21
26	27 *PASSOVER STARTS AT SUNDOWN*	28 *PASSOVER* *PALM SUNDAY*

NOTES TO MYSELF

MAR	SUNDAY 28	MONDAY 1	TUESDAY 2	WEDNESDAY 3
6:00				
6:30				
7:00				
7:30				
8:00				
8:30				
9:00				
9:30				
10:00				
10:30				
11:00				
11:30				
12:00				
12:30				
1:00				
1:30				
2:00				
2:30				
3:00				
3:30				
4:00				
4:30				
5:00				
5:30				
6:00				
6:30				
7:00				
7:30				
8:00				
8:30				
9:00				

MAR

	THURSDAY 4	FRIDAY 5	SATURDAY 6	CELEBRATE
6:00				
6:30				
7:00				
7:30				
8:00				
8:30				
9:00				
9:30				
10:00				
10:30				
11:00				
11:30				
12:00				
12:30				
1:00				
1:30				
2:00				
2:30				
3:00				
3:30				
4:00				
4:30				
5:00				
5:30				
6:00				
6:30				
7:00				
7:30				
8:00				
8:30				
9:00				

NOTES

MAR

	SUNDAY 7	MONDAY 8	TUESDAY 9	WEDNESDAY 10
6:00				
6:30				
7:00				
7:30				
8:00				
8:30				
9:00				
9:30				
10:00				
10:30				
11:00				
11:30				
12:00				
12:30				
1:00				
1:30				
2:00				
2:30				
3:00				
3:30				
4:00				
4:30				
5:00				
5:30				
6:00				
6:30				
7:00				
7:30				
8:00				
8:30				
9:00				

MAR	THURSDAY 11	FRIDAY 12	SATURDAY 13	CELEBRATE
6:00				
6:30				
7:00				
7:30				
8:00				
8:30				
9:00				
9:30				
10:00				
10:30				
11:00				
11:30				
12:00				
12:30				
1:00				
1:30				
2:00				
2:30				
3:00				
3:30				
4:00				
4:30				
5:00				
5:30				
6:00				
6:30				
7:00				
7:30				
8:00				
8:30				
9:00				

NOTES

MAR	SUNDAY 14	MONDAY 15	TUESDAY 16	WEDNESDAY 17
6:00				
6:30				
7:00				
7:30				
8:00				
8:30				
9:00				
9:30				
10:00				
10:30				
11:00				
11:30				
12:00				
12:30				
1:00				
1:30				
2:00				
2:30				
3:00				
3:30				
4:00				
4:30				
5:00				
5:30				
6:00				
6:30				
7:00				
7:30				
8:00				
8:30				
9:00				

MAR

	THURSDAY 18	FRIDAY 19	SATURDAY 20	CELEBRATE
6:00				
6:30				
7:00				
7:30				
8:00				
8:30				
9:00				
9:30				
10:00				
10:30				
11:00				
11:30				
12:00				
12:30				
1:00				
1:30				
2:00				
2:30				
3:00				
3:30				
4:00				
4:30				
5:00				
5:30				
6:00				
6:30				
7:00				
7:30				
8:00				
8:30				
9:00				

NOTES

MAR	SUNDAY 21	MONDAY 22	TUESDAY 23	WEDNESDAY 24
6:00				
6:30				
7:00				
7:30				
8:00				
8:30				
9:00				
9:30				
10:00				
10:30				
11:00				
11:30				
12:00				
12:30				
1:00				
1:30				
2:00				
2:30				
3:00				
3:30				
4:00				
4:30				
5:00				
5:30				
6:00				
6:30				
7:00				
7:30				
8:00				
8:30				
9:00				

MAR	THURSDAY 25	FRIDAY 26	SATURDAY 27	CELEBRATE
6:00				
6:30				
7:00				
7:30				
8:00				
8:30				
9:00				
9:30				
10:00				
10:30				
11:00				
11:30				
12:00				
12:30				
1:00				
1:30				
2:00				
2:30				
3:00				
3:30				
4:00				
4:30				
5:00				
5:30				
6:00				
6:30				
7:00				
7:30				
8:00				
8:30				
9:00				

NOTES

MAR

	SUNDAY 28	MONDAY 29	TUESDAY 30	WEDNESDAY 31
6:00				
6:30				
7:00				
7:30				
8:00				
8:30				
9:00				
9:30				
10:00				
10:30				
11:00				
11:30				
12:00				
12:30				
1:00				
1:30				
2:00			30 DAY REVIEW	
2:30				
3:00				
3:30				
4:00				
4:30				
5:00				
5:30				
6:00				
6:30				
7:00				
7:30				
8:00				
8:30				
9:00				

"Nothing is impossible. The word itself says I'm possible."

Audrey Hepburn

30 DAY REVIEW

1. WHAT WORKED?

2. WHAT DIDN'T WORK?

3. DID I HIT MY GOAL(S)? YES ________ NO ________

4. WHAT'S MY PLAN FOR NEXT 30 DAYS?

NOTES

S.I.L.O.S

S.I.L.O.S

APRIL

MONDAY	TUESDAY	WEDNESDAY	THURSDAY
			1
5	6	7	8
12	13 RAMADAN STARTS	14	15 TAX DAY
19	20	21	22 EARTH DAY
26	27	28	29

GOALS

FRIDAY	SATURDAY	SUNDAY	NOTES TO MYSELF
2 *GOOD FRIDAY*	3	4 *EASTER*	
9	10	11	
16	17	18	
23	24	25	
30			

"Don't let perfection be the enemy of progress."

Diane Helbig

APRIL	THURSDAY 1	FRIDAY 2	SATURDAY 3	CELEBRATE
6:00				
6:30				
7:00				
7:30				
8:00				
8:30				
9:00				
9:30				
10:00				
10:30				
11:00				
11:30				
12:00				
12:30				
1:00				
1:30				
2:00				
2:30				
3:00				
3:30				
4:00				
4:30				
5:00				
5:30				
6:00				
6:30				
7:00				
7:30				
8:00				
8:30				
9:00				

NOTES

APRIL	SUNDAY 4	MONDAY 5	TUESDAY 6	WEDNESDAY 7
6:00				
6:30				
7:00				
7:30				
8:00				
8:30				
9:00				
9:30				
10:00				
10:30				
11:00				
11:30				
12:00				
12:30				
1:00				
1:30				
2:00				
2:30				
3:00				
3:30				
4:00				
4:30				
5:00				
5:30				
6:00				
6:30				
7:00				
7:30				
8:00				
8:30				
9:00				

APRIL

	THURSDAY 8	FRIDAY 9	SATURDAY 10	CELEBRATE
6:00				
6:30				
7:00				
7:30				
8:00				
8:30				
9:00				
9:30				
10:00				
10:30				
11:00				
11:30				
12:00				
12:30				
1:00				
1:30				
2:00				
2:30				
3:00				
3:30				
4:00				
4:30				
5:00				
5:30				
6:00				
6:30				
7:00				
7:30				
8:00				
8:30				
9:00				

NOTES

APRIL	SUNDAY 11	MONDAY 12	TUESDAY 13	WEDNESDAY 14
6:00				
6:30				
7:00				
7:30				
8:00				
8:30				
9:00				
9:30				
10:00				
10:30				
11:00				
11:30				
12:00				
12:30				
1:00				
1:30				
2:00				
2:30				
3:00				
3:30				
4:00				
4:30				
5:00				
5:30				
6:00				
6:30				
7:00				
7:30				
8:00				
8:30				
9:00				

APRIL	THURSDAY 15	FRIDAY 16	SATURDAY 17	CELEBRATE
6:00				
6:30				
7:00				
7:30				
8:00				
8:30				
9:00				
9:30				
10:00				
10:30				
11:00				
11:30				
12:00				
12:30				
1:00				
1:30				
2:00				
2:30				
3:00				
3:30				
4:00				
4:30				
5:00				
5:30				
6:00				
6:30				
7:00				
7:30				
8:00				
8:30				
9:00				

NOTES

APRIL	SUNDAY 18	MONDAY 19	TUESDAY 20	WEDNESDAY 21
6:00				
6:30				
7:00				
7:30				
8:00				
8:30				
9:00				
9:30				
10:00				
10:30				
11:00				
11:30				
12:00				
12:30				
1:00				
1:30				
2:00				
2:30				
3:00				
3:30				
4:00				
4:30				
5:00				
5:30				
6:00				
6:30				
7:00				
7:30				
8:00				
8:30				
9:00				

APRIL

	THURSDAY 22	FRIDAY 23	SATURDAY 24	CELEBRATE
6:00				
6:30				
7:00				
7:30				
8:00				
8:30				
9:00				
9:30				
10:00				
10:30				
11:00				
11:30				
12:00				
12:30				
1:00				
1:30				
2:00				
2:30				
3:00				
3:30				
4:00				
4:30				
5:00				
5:30				
6:00				
6:30				
7:00				
7:30				
8:00				
8:30				
9:00				

NOTES

APRIL

	SUNDAY 25	MONDAY 26	TUESDAY 27	WEDNESDAY 28
6:00				
6:30				
7:00				
7:30				
8:00				
8:30				
9:00				
9:30				
10:00				
10:30				
11:00				
11:30				
12:00				
12:30				
1:00				
1:30				
2:00				
2:30				
3:00				
3:30				
4:00				
4:30				
5:00				
5:30				
6:00				
6:30				
7:00				
7:30				
8:00				
8:30				
9:00				

MAY

	THURSDAY 29	FRIDAY 30	SATURDAY 1	CELEBRATE
6:00				
6:30				
7:00				
7:30				
8:00				
8:30				
9:00				
9:30				
10:00				
10:30				
11:00				
11:30				
12:00				
12:30				
1:00				
1:30				
2:00				
2:30				
3:00				
3:30				
4:00	30 DAY REVIEW			
4:30				
5:00				
5:30				
6:00				
6:30				
7:00				
7:30				
8:00				
8:30				
9:00				

NOTES

30 DAY REVIEW

1. WHAT WORKED?

2. WHAT DIDN'T WORK?

3. DID I HIT MY GOAL(S)? YES ________ NO ________

4. WHAT'S MY PLAN FOR NEXT 30 DAYS?

NOTES

S.I.L.O.S

S.I.L.O.S

MAY

MONDAY	TUESDAY	WEDNESDAY	THURSDAY
3	4	5	6
10	11	12	13
17	18	19	20
24 31 *MEMORIAL DAY*	25	26	27

GOALS

FRIDAY	SATURDAY	SUNDAY	NOTES TO MYSELF
	1	2	
7	8	9 *MOTHER'S DAY*	
14	15	16	
21	22	23	
28	29	30	

MAY	SUNDAY 2	MONDAY 3	TUESDAY 4	WEDNESDAY 5
6:00				
6:30				
7:00				
7:30				
8:00				
8:30				
9:00				
9:30				
10:00				
10:30				
11:00				
11:30				
12:00				
12:30				
1:00				
1:30				
2:00				
2:30				
3:00				
3:30				
4:00				
4:30				
5:00				
5:30				
6:00				
6:30				
7:00				
7:30				
8:00				
8:30				
9:00				

MAY	THURSDAY 6	FRIDAY 7	SATURDAY 8	CELEBRATE
6:00				
6:30				
7:00				
7:30				
8:00				
8:30				
9:00				
9:30				
10:00				
10:30				
11:00				
11:30				
12:00				
12:30				
1:00				
1:30				
2:00				
2:30				
3:00				
3:30				
4:00				
4:30				
5:00				
5:30				
6:00				
6:30				
7:00				
7:30				
8:00				
8:30				
9:00				

NOTES

MAY

	SUNDAY 9	MONDAY 10	TUESDAY 11	WEDNESDAY 12
6:00				
6:30				
7:00				
7:30				
8:00				
8:30				
9:00				
9:30				
10:00				
10:30				
11:00				
11:30				
12:00				
12:30				
1:00				
1:30				
2:00				
2:30				
3:00				
3:30				
4:00				
4:30				
5:00				
5:30				
6:00				
6:30				
7:00				
7:30				
8:00				
8:30				
9:00				

MAY	THURSDAY 13	FRIDAY 14	SATURDAY 15	CELEBRATE
6:00				
6:30				
7:00				
7:30				
8:00				
8:30				
9:00				
9:30				
10:00				
10:30				
11:00				
11:30				
12:00				
12:30				
1:00				
1:30				
2:00				
2:30				
3:00				
3:30				
4:00				
4:30				
5:00				
5:30				
6:00				
6:30				
7:00				
7:30				
8:00				
8:30				
9:00				

NOTES

MAY	SUNDAY 16	MONDAY 17	TUESDAY 18	WEDNESDAY 19
6:00				
6:30				
7:00				
7:30				
8:00				
8:30				
9:00				
9:30				
10:00				
10:30				
11:00				
11:30				
12:00				
12:30				
1:00				
1:30				
2:00				
2:30				
3:00				
3:30				
4:00				
4:30				
5:00				
5:30				
6:00				
6:30				
7:00				
7:30				
8:00				
8:30				
9:00				

MAY	THURSDAY 20	FRIDAY 21	SATURDAY 22	CELEBRATE
6:00				
6:30				
7:00				
7:30				
8:00				
8:30				
9:00				
9:30				
10:00				
10:30				
11:00				
11:30				
12:00				
12:30				
1:00				
1:30				
2:00				
2:30				
3:00				
3:30				
4:00				
4:30				
5:00				
5:30				
6:00				
6:30				
7:00				
7:30				
8:00				
8:30				
9:00				

NOTES

MAY	SUNDAY 23	MONDAY 24	TUESDAY 25	WEDNESDAY 26
6:00				
6:30				
7:00				
7:30				
8:00				
8:30				
9:00				
9:30				
10:00				
10:30				
11:00				
11:30				
12:00				
12:30				
1:00				
1:30				
2:00				
2:30				
3:00				
3:30				
4:00				
4:30				
5:00				
5:30				
6:00				
6:30				
7:00				
7:30				
8:00				
8:30				
9:00				

MAY

	THURSDAY 27	FRIDAY 28	SATURDAY 29	CELEBRATE
6:00				
6:30				
7:00				
7:30				
8:00				
8:30				
9:00				
9:30				
10:00				
10:30				
11:00				
11:30				
12:00				
12:30				
1:00				
1:30				
2:00				
2:30				
3:00				
3:30				
4:00				
4:30				
5:00				
5:30				
6:00				
6:30				
7:00				
7:30				
8:00				
8:30				
9:00				

NOTES

30 DAY REVIEW

1. WHAT WORKED?

2. WHAT DIDN'T WORK?

3. DID I HIT MY GOAL(S)? YES ________ NO ________

4. WHAT'S MY PLAN FOR NEXT 30 DAYS?

NOTES

S.I.L.O.S

S.I.L.O.S

JUNE

MONDAY	TUESDAY	WEDNESDAY	THURSDAY
	1	2	3
7	8	9	10
14	15	16	17
21	22	23	24
28	29	30	

GOALS

FRIDAY	SATURDAY	SUNDAY	NOTES TO MYSELF
4	5	6	
11	12	13	
18	19	20 *FATHER'S DAY*	
25	26	27	

JUNE	SUNDAY 30	MONDAY 31	TUESDAY 1	WEDNESDAY 2
6:00				
6:30				
7:00				
7:30				
8:00				
8:30				
9:00				
9:30				
10:00				
10:30				
11:00				
11:30				
12:00				
12:30				
1:00				
1:30				
2:00				
2:30				
3:00				
3:30				
4:00	30 DAY REVIEW			
4:30				
5:00				
5:30				
6:00				
6:30				
7:00				
7:30				
8:00				
8:30				
9:00				

JUNE	THURSDAY 3	FRIDAY 4	SATURDAY 5	CELEBRATE
6:00				
6:30				
7:00				
7:30				
8:00				
8:30				
9:00				
9:30				
10:00				
10:30				
11:00				
11:30				
12:00				
12:30				
1:00				
1:30				
2:00				
2:30				
3:00				
3:30				
4:00				
4:30				
5:00				
5:30				
6:00				
6:30				
7:00				
7:30				
8:00				
8:30				
9:00				

NOTES

JUNE	SUNDAY 6	MONDAY 7	TUESDAY 8	WEDNESDAY 9
6:00				
6:30				
7:00				
7:30				
8:00				
8:30				
9:00				
9:30				
10:00				
10:30				
11:00				
11:30				
12:00				
12:30				
1:00				
1:30				
2:00				
2:30				
3:00				
3:30				
4:00				
4:30				
5:00				
5:30				
6:00				
6:30				
7:00				
7:30				
8:00				
8:30				
9:00				

JUNE	THURSDAY 10	FRIDAY 11	SATURDAY 12	CELEBRATE
6:00				
6:30				
7:00				
7:30				
8:00				
8:30				
9:00				
9:30				
10:00				
10:30				
11:00				
11:30				
12:00				
12:30				
1:00				
1:30				
2:00				
2:30				
3:00				
3:30				
4:00				
4:30				
5:00				
5:30				
6:00				
6:30				
7:00				
7:30				
8:00				
8:30				
9:00				

NOTES

JUNE	SUNDAY 13	MONDAY 14	TUESDAY 15	WEDNESDAY 16
6:00				
6:30				
7:00				
7:30				
8:00				
8:30				
9:00				
9:30				
10:00				
10:30				
11:00				
11:30				
12:00				
12:30				
1:00				
1:30				
2:00				
2:30				
3:00				
3:30				
4:00				
4:30				
5:00				
5:30				
6:00				
6:30				
7:00				
7:30				
8:00				
8:30				
9:00				

JUNE	THURSDAY 17	FRIDAY 18	SATURDAY 19	CELEBRATE
6:00				
6:30				
7:00				
7:30				
8:00				
8:30				
9:00				
9:30				
10:00				
10:30				
11:00				
11:30				
12:00				
12:30				
1:00				
1:30				
2:00				
2:30				
3:00				
3:30				
4:00				
4:30				
5:00				
5:30				
6:00				
6:30				
7:00				
7:30				
8:00				
8:30				
9:00				

NOTES

JUNE	SUNDAY 20	MONDAY 21	TUESDAY 22	WEDNESDAY 23
6:00				
6:30				
7:00				
7:30				
8:00				
8:30				
9:00				
9:30				
10:00				
10:30				
11:00				
11:30				
12:00				
12:30				
1:00				
1:30				
2:00				
2:30				
3:00				
3:30				
4:00				
4:30				
5:00				
5:30				
6:00				
6:30				
7:00				
7:30				
8:00				
8:30				
9:00				

JUNE	THURSDAY 24	FRIDAY 25	SATURDAY 26	CELEBRATE
6:00				
6:30				
7:00				
7:30				
8:00				
8:30				
9:00				
9:30				
10:00				
10:30				
11:00				
11:30				
12:00				
12:30				
1:00				
1:30				
2:00				
2:30				
3:00				
3:30				
4:00				
4:30				
5:00				
5:30				
6:00				
6:30				
7:00				
7:30				
8:00				
8:30				
9:00				

NOTES

JUNE	SUNDAY 27	MONDAY 28	TUESDAY 29	WEDNESDAY 30
6:00				
6:30				
7:00				
7:30				
8:00				
8:30				
9:00				
9:30				
10:00				
10:30				
11:00				
11:30				
12:00				
12:30				
1:00				
1:30				
2:00			30 DAY REVIEW	
2:30				
3:00				
3:30				
4:00				
4:30				
5:00				
5:30				
6:00				
6:30				
7:00				
7:30				
8:00				
8:30				
9:00				

"What you get by achieving your goals is not as important as what you become by achieving your goals."

Henry David Thoreau

30 DAY REVIEW

1. WHAT WORKED?

2. WHAT DIDN'T WORK?

3. DID I HIT MY GOAL(S)? YES ________ NO ________

4. WHAT'S MY PLAN FOR NEXT 30 DAYS?

NOTES

S.I.L.O.S

S.I.L.O.S

JULY

MONDAY	TUESDAY	WEDNESDAY	THURSDAY
			1
5	6	7	8
12	13	14	15
19	20	21	22
26	27	28	29

GOALS

FRIDAY	SATURDAY	SUNDAY	NOTES TO MYSELF
2	3	4 *INDEPENDENCE DAY*	
9	10	11	
16	17	18	
23	24	25	
30	31		

"Whether you think you're ready or not, just start now. There is magic in action."

Unknown

JULY

	THURSDAY 1	FRIDAY 2	SATURDAY 3	CELEBRATE
6:00				
6:30				
7:00				
7:30				
8:00				
8:30				
9:00				
9:30				
10:00				
10:30				
11:00				
11:30				
12:00				
12:30				
1:00				
1:30				
2:00				
2:30				
3:00				
3:30				
4:00				
4:30				
5:00				
5:30				
6:00				
6:30				
7:00				
7:30				
8:00				
8:30				
9:00				

NOTES

JULY	SUNDAY 4	MONDAY 5	TUESDAY 6	WEDNESDAY 7
6:00				
6:30				
7:00				
7:30				
8:00				
8:30				
9:00				
9:30				
10:00				
10:30				
11:00				
11:30				
12:00				
12:30				
1:00				
1:30				
2:00				
2:30				
3:00				
3:30				
4:00				
4:30				
5:00				
5:30				
6:00				
6:30				
7:00				
7:30				
8:00				
8:30				
9:00				

JULY

	THURSDAY 8	FRIDAY 9	SATURDAY 10	CELEBRATE
6:00				
6:30				
7:00				
7:30				
8:00				
8:30				
9:00				
9:30				
10:00				
10:30				
11:00				
11:30				
12:00				
12:30				
1:00				
1:30				
2:00				
2:30				
3:00				
3:30				
4:00				
4:30				
5:00				
5:30				
6:00				
6:30				
7:00				
7:30				
8:00				
8:30				
9:00				

NOTES

JULY	SUNDAY 11	MONDAY 12	TUESDAY 13	WEDNESDAY 14
6:00				
6:30				
7:00				
7:30				
8:00				
8:30				
9:00				
9:30				
10:00				
10:30				
11:00				
11:30				
12:00				
12:30				
1:00				
1:30				
2:00				
2:30				
3:00				
3:30				
4:00				
4:30				
5:00				
5:30				
6:00				
6:30				
7:00				
7:30				
8:00				
8:30				
9:00				

JULY

	THURSDAY 15	FRIDAY 16	SATURDAY 17	CELEBRATE
6:00				
6:30				
7:00				
7:30				
8:00				
8:30				
9:00				
9:30				
10:00				
10:30				
11:00				
11:30				
12:00				
12:30				
1:00				
1:30				
2:00				
2:30				
3:00				
3:30				
4:00				
4:30				
5:00				
5:30				
6:00				
6:30				
7:00				
7:30				
8:00				
8:30				
9:00				

NOTES

JULY

	SUNDAY 18	MONDAY 19	TUESDAY 20	WEDNESDAY 21
6:00				
6:30				
7:00				
7:30				
8:00				
8:30				
9:00				
9:30				
10:00				
10:30				
11:00				
11:30				
12:00				
12:30				
1:00				
1:30				
2:00				
2:30				
3:00				
3:30				
4:00				
4:30				
5:00				
5:30				
6:00				
6:30				
7:00				
7:30				
8:00				
8:30				
9:00				

JULY	THURSDAY 22	FRIDAY 23	SATURDAY 24	CELEBRATE
6:00				
6:30				
7:00				
7:30				
8:00				
8:30				
9:00				
9:30				
10:00				
10:30				
11:00				
11:30				
12:00				
12:30				
1:00				
1:30				
2:00				
2:30				
3:00				
3:30				
4:00				
4:30				
5:00				
5:30				
6:00				
6:30				
7:00				
7:30				
8:00				
8:30				
9:00				

NOTES

JULY

	SUNDAY 25	MONDAY 26	TUESDAY 27	WEDNESDAY 28
6:00				
6:30				
7:00				
7:30				
8:00				
8:30				
9:00				
9:30				
10:00				
10:30				
11:00				
11:30				
12:00				
12:30				
1:00				
1:30				
2:00				
2:30				
3:00				
3:30				
4:00				
4:30				
5:00				
5:30				
6:00				
6:30				
7:00				
7:30				
8:00				
8:30				
9:00				

JULY

	THURSDAY 29	FRIDAY 30	SATURDAY 31	CELEBRATE
6:00				
6:30				
7:00				
7:30				
8:00				
8:30				
9:00				
9:30				
10:00				
10:30				
11:00				
11:30				
12:00				
12:30				
1:00				
1:30				
2:00				
2:30				
3:00				
3:30				
4:00		30 DAY REVIEW		
4:30				
5:00				
5:30				
6:00				
6:30				
7:00				
7:30				
8:00				
8:30				
9:00				

NOTES

30 DAY REVIEW

1. WHAT WORKED?

2. WHAT DIDN'T WORK?

3. DID I HIT MY GOAL(S)? YES ________ NO ________

4. WHAT'S MY PLAN FOR NEXT 30 DAYS?

NOTES

S.I.L.O.S

S.I.L.O.S

AUGUST

MONDAY	TUESDAY	WEDNESDAY	THURSDAY
2	3	4	5
9	10	11	12
16	17	18	19
23	24	25	26
30	31		

GOALS

FRIDAY	SATURDAY	SUNDAY	NOTES TO MYSELF
		1	
6	7	8	
13	14	15	
20	21	22	
27	28	29	

AUG	SUNDAY 1	MONDAY 2	TUESDAY 3	WEDNESDAY 4
6:00				
6:30				
7:00				
7:30				
8:00				
8:30				
9:00				
9:30				
10:00				
10:30				
11:00				
11:30				
12:00				
12:30				
1:00				
1:30				
2:00				
2:30				
3:00				
3:30				
4:00				
4:30				
5:00				
5:30				
6:00				
6:30				
7:00				
7:30				
8:00				
8:30				
9:00				

AUG	THURSDAY 5	FRIDAY 6	SATURDAY 7	CELEBRATE
6:00				
6:30				
7:00				
7:30				
8:00				
8:30				
9:00				
9:30				
10:00				
10:30				
11:00				
11:30				
12:00				
12:30				
1:00				
1:30				
2:00				
2:30				
3:00				
3:30				
4:00				
4:30				
5:00				
5:30				
6:00				
6:30				
7:00				
7:30				
8:00				
8:30				
9:00				

NOTES

AUG

	SUNDAY 8	MONDAY 9	TUESDAY 10	WEDNESDAY 11
6:00				
6:30				
7:00				
7:30				
8:00				
8:30				
9:00				
9:30				
10:00				
10:30				
11:00				
11:30				
12:00				
12:30				
1:00				
1:30				
2:00				
2:30				
3:00				
3:30				
4:00				
4:30				
5:00				
5:30				
6:00				
6:30				
7:00				
7:30				
8:00				
8:30				
9:00				

AUG	THURSDAY 12	FRIDAY 13	SATURDAY 14	CELEBRATE
6:00				
6:30				
7:00				
7:30				
8:00				
8:30				
9:00				
9:30				
10:00				
10:30				
11:00				
11:30				
12:00				
12:30				
1:00				
1:30				
2:00				
2:30				
3:00				
3:30				
4:00				
4:30				
5:00				
5:30				
6:00				
6:30				
7:00				
7:30				
8:00				
8:30				
9:00				

NOTES

AUG	SUNDAY 15	MONDAY 16	TUESDAY 17	WEDNESDAY 18
6:00				
6:30				
7:00				
7:30				
8:00				
8:30				
9:00				
9:30				
10:00				
10:30				
11:00				
11:30				
12:00				
12:30				
1:00				
1:30				
2:00				
2:30				
3:00				
3:30				
4:00				
4:30				
5:00				
5:30				
6:00				
6:30				
7:00				
7:30				
8:00				
8:30				
9:00				

AUG	THURSDAY 19	FRIDAY 20	SATURDAY 21	CELEBRATE
6:00				
6:30				
7:00				
7:30				
8:00				
8:30				
9:00				
9:30				
10:00				
10:30				
11:00				
11:30				
12:00				
12:30				
1:00				
1:30				
2:00				
2:30				
3:00				
3:30				
4:00				
4:30				
5:00				
5:30				
6:00				
6:30				
7:00				
7:30				
8:00				
8:30				
9:00				

NOTES

AUG	SUNDAY 22	MONDAY 23	TUESDAY 24	WEDNESDAY 25
6:00				
6:30				
7:00				
7:30				
8:00				
8:30				
9:00				
9:30				
10:00				
10:30				
11:00				
11:30				
12:00				
12:30				
1:00				
1:30				
2:00				
2:30				
3:00				
3:30				
4:00				
4:30				
5:00				
5:30				
6:00				
6:30				
7:00				
7:30				
8:00				
8:30				
9:00				

AUG	THURSDAY 26	FRIDAY 27	SATURDAY 28	CELEBRATE
6:00				
6:30				
7:00				
7:30				
8:00				
8:30				
9:00				
9:30				
10:00				
10:30				
11:00				
11:30				
12:00				
12:30				
1:00				
1:30				
2:00				
2:30				
3:00				
3:30				
4:00				
4:30				
5:00				
5:30				
6:00				
6:30				
7:00				
7:30				
8:00				
8:30				
9:00				

NOTES

SEPT

	SUNDAY 29	MONDAY 30	TUESDAY 31	WEDNESDAY
6:00				
6:30				
7:00				
7:30				
8:00				
8:30				
9:00				
9:30				
10:00				
10:30				
11:00				
11:30				
12:00				
12:30				
1:00				
1:30				
2:00				
2:30				
3:00				
3:30				
4:00		30 DAY REVIEW		
4:30				
5:00				
5:30				
6:00				
6:30				
7:00				
7:30				
8:00				
8:30				
9:00				

"Strive for progress, not perfection."

Unknown

30 DAY REVIEW

1. WHAT WORKED?

2. WHAT DIDN'T WORK?

3. DID I HIT MY GOAL(S)? YES ________ NO ________

4. WHAT'S MY PLAN FOR NEXT 30 DAYS?

NOTES

S.I.L.O.S

S.I.L.O.S

SEPTEMBER

MONDAY	TUESDAY	WEDNESDAY	THURSDAY
		1	2
6 *LABOR DAY* *ROSH HASHANAH STARTS*	7	8	9
13	14	15 *YOM KIPPUR STARTS*	16
20	21	22	23
27	28	29	30

GOALS

FRIDAY	SATURDAY	SUNDAY	NOTES TO MYSELF
3	4	5	
10	11	12	
17	18	19	
24	25	26	

SEPT	SUNDAY	MONDAY	TUESDAY	WEDNESDAY 1
6:00				
6:30				
7:00				
7:30				
8:00				
8:30				
9:00				
9:30				
10:00				
10:30				
11:00				
11:30				
12:00				
12:30				
1:00				
1:30				
2:00				
2:30				
3:00				
3:30				
4:00		30 DAY REVIEW		
4:30				
5:00				
5:30				
6:00				
6:30				
7:00				
7:30				
8:00				
8:30				
9:00				

SEPT	THURSDAY 2	FRIDAY 3	SATURDAY 4	CELEBRATE
6:00				
6:30				
7:00				
7:30				
8:00				
8:30				
9:00				
9:30				
10:00				
10:30				
11:00				
11:30				
12:00				
12:30				
1:00				
1:30				
2:00				
2:30				
3:00				
3:30				
4:00				
4:30				
5:00				
5:30				
6:00				
6:30				
7:00				
7:30				
8:00				
8:30				
9:00				

NOTES

SEPT

	SUNDAY 5	MONDAY 6	TUESDAY 7	WEDNESDAY 8
6:00				
6:30				
7:00				
7:30				
8:00				
8:30				
9:00				
9:30				
10:00				
10:30				
11:00				
11:30				
12:00				
12:30				
1:00				
1:30				
2:00				
2:30				
3:00				
3:30				
4:00				
4:30				
5:00				
5:30				
6:00				
6:30				
7:00				
7:30				
8:00				
8:30				
9:00				

SEPT	THURSDAY 9	FRIDAY 10	SATURDAY 11	CELEBRATE
6:00				
6:30				
7:00				
7:30				
8:00				
8:30				
9:00				
9:30				
10:00				
10:30				
11:00				
11:30				
12:00				
12:30				
1:00				
1:30				
2:00				
2:30				
3:00				
3:30				
4:00				
4:30				
5:00				
5:30				
6:00				
6:30				
7:00				
7:30				
8:00				
8:30				
9:00				

NOTES

SEPT	SUNDAY 12	MONDAY 13	TUESDAY 14	WEDNESDAY 15
6:00				
6:30				
7:00				
7:30				
8:00				
8:30				
9:00				
9:30				
10:00				
10:30				
11:00				
11:30				
12:00				
12:30				
1:00				
1:30				
2:00				
2:30				
3:00				
3:30				
4:00				
4:30				
5:00				
5:30				
6:00				
6:30				
7:00				
7:30				
8:00				
8:30				
9:00				

SEPT	THURSDAY 16	FRIDAY 17	SATURDAY 18	CELEBRATE
6:00				
6:30				
7:00				
7:30				
8:00				
8:30				
9:00				
9:30				
10:00				
10:30				
11:00				
11:30				
12:00				
12:30				
1:00				
1:30				
2:00				
2:30				
3:00				
3:30				
4:00				
4:30				
5:00				
5:30				
6:00				
6:30				
7:00				
7:30				
8:00				
8:30				
9:00				

NOTES

SEPT	SUNDAY 19	MONDAY 20	TUESDAY 21	WEDNESDAY 22
6:00				
6:30				
7:00				
7:30				
8:00				
8:30				
9:00				
9:30				
10:00				
10:30				
11:00				
11:30				
12:00				
12:30				
1:00				
1:30				
2:00				
2:30				
3:00				
3:30				
4:00				
4:30				
5:00				
5:30				
6:00				
6:30				
7:00				
7:30				
8:00				
8:30				
9:00				

SEPT

	THURSDAY 23	FRIDAY 24	SATURDAY 25	CELEBRATE
6:00				
6:30				
7:00				
7:30				
8:00				
8:30				
9:00				
9:30				
10:00				
10:30				
11:00				
11:30				
12:00				
12:30				
1:00				
1:30				
2:00				
2:30				
3:00				
3:30				
4:00				
4:30				
5:00				
5:30				
6:00				
6:30				
7:00				
7:30				
8:00				
8:30				
9:00				

NOTES

SEPT	SUNDAY 26	MONDAY 27	TUESDAY 28	WEDNESDAY 29
6:00				
6:30				
7:00				
7:30				
8:00				
8:30				
9:00				
9:30				
10:00				
10:30				
11:00				
11:30				
12:00				
12:30				
1:00				
1:30				
2:00				30 DAY REVIEW
2:30				
3:00				
3:30				
4:00				
4:30				
5:00				
5:30				
6:00				
6:30				
7:00				
7:30				
8:00				
8:30				
9:00				

OCT

	THURSDAY 30	FRIDAY 1	SATURDAY 2	CELEBRATE
6:00				
6:30				
7:00				
7:30				
8:00				
8:30				
9:00				
9:30				
10:00				
10:30				
11:00				
11:30				
12:00				
12:30				
1:00				
1:30				
2:00				
2:30				
3:00				
3:30				
4:00				
4:30				
5:00				
5:30				
6:00				
6:30				
7:00				
7:30				
8:00				
8:30				
9:00				

NOTES

30 DAY REVIEW

1. WHAT WORKED?

2. WHAT DIDN'T WORK?

3. DID I HIT MY GOAL(S)? YES ________ NO ________

4. WHAT'S MY PLAN FOR NEXT 30 DAYS?

NOTES

S.I.L.O.S

S.I.L.O.S

OCTOBER

MONDAY	TUESDAY	WEDNESDAY	THURSDAY
4	5	6	7
11 *COLUMBUS DAY*	12	13	14
18	19	20	21
25	26	27	28

GOALS

FRIDAY	SATURDAY	SUNDAY	NOTES TO MYSELF
1	2	3	
8	9	10	
15	16	17	
22	23	24	
29	30	31 *HALLOWEEN*	

OCT	SUNDAY 3	MONDAY 4	TUESDAY 5	WEDNESDAY 6
6:00				
6:30				
7:00				
7:30				
8:00				
8:30				
9:00				
9:30				
10:00				
10:30				
11:00				
11:30				
12:00				
12:30				
1:00				
1:30				
2:00				
2:30				
3:00				
3:30				
4:00				
4:30				
5:00				
5:30				
6:00				
6:30				
7:00				
7:30				
8:00				
8:30				
9:00				

OCT	THURSDAY 7	FRIDAY 8	SATURDAY 9	CELEBRATE
6:00				
6:30				
7:00				
7:30				
8:00				
8:30				
9:00				
9:30				
10:00				
10:30				
11:00				
11:30				
12:00				
12:30				
1:00				
1:30				
2:00				
2:30				
3:00				
3:30				
4:00				
4:30				
5:00				
5:30				
6:00				
6:30				
7:00				
7:30				
8:00				
8:30				
9:00				

NOTES

OCT	SUNDAY 10	MONDAY 11	TUESDAY 12	WEDNESDAY 13
6:00				
6:30				
7:00				
7:30				
8:00				
8:30				
9:00				
9:30				
10:00				
10:30				
11:00				
11:30				
12:00				
12:30				
1:00				
1:30				
2:00				
2:30				
3:00				
3:30				
4:00				
4:30				
5:00				
5:30				
6:00				
6:30				
7:00				
7:30				
8:00				
8:30				
9:00				

OCT	THURSDAY 14	FRIDAY 15	SATURDAY 16	CELEBRATE
6:00				
6:30				
7:00				
7:30				
8:00				
8:30				
9:00				
9:30				
10:00				
10:30				
11:00				
11:30				
12:00				
12:30				
1:00				
1:30				
2:00				
2:30				
3:00				
3:30				
4:00				
4:30				
5:00				
5:30				
6:00				
6:30				
7:00				
7:30				
8:00				
8:30				
9:00				

NOTES

OCT	SUNDAY 17	MONDAY 18	TUESDAY 19	WEDNESDAY 20
6:00				
6:30				
7:00				
7:30				
8:00				
8:30				
9:00				
9:30				
10:00				
10:30				
11:00				
11:30				
12:00				
12:30				
1:00				
1:30				
2:00				
2:30				
3:00				
3:30				
4:00				
4:30				
5:00				
5:30				
6:00				
6:30				
7:00				
7:30				
8:00				
8:30				
9:00				

OCT	THURSDAY 21	FRIDAY 22	SATURDAY 23	CELEBRATE
6:00				
6:30				
7:00				
7:30				
8:00				
8:30				
9:00				
9:30				
10:00				
10:30				
11:00				
11:30				
12:00				
12:30				
1:00				
1:30				
2:00				
2:30				
3:00				
3:30				
4:00				
4:30				
5:00				
5:30				
6:00				
6:30				
7:00				
7:30				
8:00				
8:30				
9:00				

NOTES

OCT	SUNDAY 24	MONDAY 25	TUESDAY 26	WEDNESDAY 27
6:00				
6:30				
7:00				
7:30				
8:00				
8:30				
9:00				
9:30				
10:00				
10:30				
11:00				
11:30				
12:00				
12:30				
1:00				
1:30				
2:00				
2:30				
3:00				
3:30				
4:00				
4:30				
5:00				
5:30				
6:00				
6:30				
7:00				
7:30				
8:00				
8:30				
9:00				

OCT

	THURSDAY 28	FRIDAY 29	SATURDAY 30	CELEBRATE
6:00				
6:30				
7:00				
7:30				
8:00				
8:30				
9:00				
9:30				
10:00				
10:30				
11:00				
11:30				
12:00				
12:30				
1:00				
1:30				
2:00				
2:30				
3:00				
3:30				
4:00			30 DAY REVIEW	
4:30				
5:00				
5:30				
6:00				
6:30				
7:00				
7:30				
8:00				
8:30				
9:00				

NOTES

30 DAY REVIEW

1. WHAT WORKED?

2. WHAT DIDN'T WORK?

3. DID I HIT MY GOAL(S)? YES ______ NO ______

4. WHAT'S MY PLAN FOR NEXT 30 DAYS?

NOTES

S.I.L.O.S

S.I.L.O.S

NOVEMBER

MONDAY	TUESDAY	WEDNESDAY	THURSDAY
1	2	3	4
8	9	10	11 *VETERAN'S DAY*
15	16	17	18
22	23	24	25 *THANKSGIVING*
29 *HANUKKAH STARTS*	30		

GOALS

FRIDAY	SATURDAY	SUNDAY	NOTES TO MYSELF
5	6	7	
12	13	14	
19	20	21	
26	27	28	

NOV	SUNDAY 31	MONDAY 1	TUESDAY 2	WEDNESDAY 3
6:00				
6:30				
7:00				
7:30				
8:00				
8:30				
9:00				
9:30				
10:00				
10:30				
11:00				
11:30				
12:00				
12:30				
1:00				
1:30				
2:00				
2:30				
3:00				
3:30				
4:00				
4:30				
5:00				
5:30				
6:00				
6:30				
7:00				
7:30				
8:00				
8:30				
9:00				

NOV	THURSDAY 4	FRIDAY 5	SATURDAY 6	CELEBRATE
6:00				
6:30				
7:00				
7:30				
8:00				
8:30				
9:00				
9:30				
10:00				
10:30				
11:00				
11:30				
12:00				
12:30				
1:00				
1:30				
2:00				
2:30				
3:00				
3:30				
4:00				
4:30				
5:00				
5:30				
6:00				
6:30				
7:00				
7:30				
8:00				
8:30				
9:00				

NOTES

NOV	SUNDAY 7	MONDAY 8	TUESDAY 9	WEDNESDAY 10
6:00				
6:30				
7:00				
7:30				
8:00				
8:30				
9:00				
9:30				
10:00				
10:30				
11:00				
11:30				
12:00				
12:30				
1:00				
1:30				
2:00				
2:30				
3:00				
3:30				
4:00				
4:30				
5:00				
5:30				
6:00				
6:30				
7:00				
7:30				
8:00				
8:30				
9:00				

NOV

	THURSDAY 11	FRIDAY 12	SATURDAY 13	CELEBRATE
6:00				
6:30				
7:00				
7:30				
8:00				
8:30				
9:00				
9:30				
10:00				
10:30				
11:00				
11:30				
12:00				
12:30				
1:00				
1:30				
2:00				
2:30				
3:00				
3:30				
4:00				
4:30				
5:00				
5:30				
6:00				
6:30				
7:00				
7:30				
8:00				
8:30				
9:00				

NOTES

NOV

	SUNDAY 14	MONDAY 15	TUESDAY 16	WEDNESDAY 17
6:00				
6:30				
7:00				
7:30				
8:00				
8:30				
9:00				
9:30				
10:00				
10:30				
11:00				
11:30				
12:00				
12:30				
1:00				
1:30				
2:00				
2:30				
3:00				
3:30				
4:00				
4:30				
5:00				
5:30				
6:00				
6:30				
7:00				
7:30				
8:00				
8:30				
9:00				

NOV	THURSDAY 18	FRIDAY 19	SATURDAY 20	CELEBRATE
6:00				
6:30				
7:00				
7:30				
8:00				
8:30				
9:00				
9:30				
10:00				
10:30				
11:00				
11:30				
12:00				
12:30				
1:00				
1:30				
2:00				
2:30				
3:00				
3:30				
4:00				
4:30				
5:00				
5:30				
6:00				
6:30				
7:00				
7:30				
8:00				
8:30				
9:00				

NOTES

NOV	SUNDAY 21	MONDAY 22	TUESDAY 23	WEDNESDAY 24
6:00				
6:30				
7:00				
7:30				
8:00				
8:30				
9:00				
9:30				
10:00				
10:30				
11:00				
11:30				
12:00				
12:30				
1:00				
1:30				
2:00				
2:30				
3:00				
3:30				
4:00				
4:30				
5:00				
5:30				
6:00				
6:30				
7:00				
7:30				
8:00				
8:30				
9:00				

NOV	THURSDAY 25	FRIDAY 26	SATURDAY 27	CELEBRATE
6:00				
6:30				
7:00				
7:30				
8:00				
8:30				
9:00				
9:30				
10:00				
10:30				
11:00				
11:30				
12:00				
12:30				
1:00				
1:30				
2:00				
2:30				
3:00				
3:30				
4:00				
4:30				
5:00				
5:30				
6:00				
6:30				
7:00				
7:30				
8:00				
8:30				
9:00				

NOTES

DEC	SUNDAY 28	MONDAY 29	TUESDAY 30	WEDNESDAY
6:00				
6:30				
7:00				
7:30				
8:00				
8:30				
9:00				
9:30				
10:00				
10:30				
11:00				
11:30				
12:00				
12:30				
1:00				
1:30				
2:00				
2:30				
3:00				
3:30				
4:00		30 DAY REVIEW		
4:30				
5:00				
5:30				
6:00				
6:30				
7:00				
7:30				
8:00				
8:30				
9:00				

"Don't let perfection be the enemy of progress."

Diane Helbig

30 DAY REVIEW

1. WHAT WORKED?

2. WHAT DIDN'T WORK?

3. DID I HIT MY GOAL(S)? YES ________ NO ________

4. WHAT'S MY PLAN FOR NEXT 30 DAYS?

NOTES

S.I.L.O.S

S.I.L.O.S

DECEMBER

MONDAY	TUESDAY	WEDNESDAY	THURSDAY
		1	2
6	7	8	9
13	14	15	16
20	21	22	23
27	28	29	30

GOALS

FRIDAY	SATURDAY	SUNDAY	NOTES TO MYSELF
3	4	5	
10	11	12	
17	18	19	
24	25 CHRISTMAS	26 KWANZAA STARTS	
31 NEW YEARS EVE			

DEC	SUNDAY	MONDAY	TUESDAY	WEDNESDAY 1
6:00				
6:30				
7:00				
7:30				
8:00				
8:30				
9:00				
9:30				
10:00				
10:30				
11:00				
11:30				
12:00				
12:30				
1:00				
1:30				
2:00				
2:30				
3:00				
3:30				
4:00		30 DAY REVIEW		
4:30				
5:00				
5:30				
6:00				
6:30				
7:00				
7:30				
8:00				
8:30				
9:00				

DEC	THURSDAY 2	FRIDAY 3	SATURDAY 4	CELEBRATE
6:00				
6:30				
7:00				
7:30				
8:00				
8:30				
9:00				
9:30				
10:00				
10:30				
11:00				
11:30				
12:00				
12:30				
1:00				
1:30				
2:00				
2:30				
3:00				
3:30				
4:00				
4:30				
5:00				
5:30				
6:00				
6:30				
7:00				
7:30				
8:00				
8:30				
9:00				

NOTES

DEC	SUNDAY 5	MONDAY 6	TUESDAY 7	WEDNESDAY 8
6:00				
6:30				
7:00				
7:30				
8:00				
8:30				
9:00				
9:30				
10:00				
10:30				
11:00				
11:30				
12:00				
12:30				
1:00				
1:30				
2:00				
2:30				
3:00				
3:30				
4:00				
4:30				
5:00				
5:30				
6:00				
6:30				
7:00				
7:30				
8:00				
8:30				
9:00				

DEC	THURSDAY 9	FRIDAY 10	SATURDAY 11	CELEBRATE
6:00				
6:30				
7:00				
7:30				
8:00				
8:30				
9:00				
9:30				
10:00				
10:30				
11:00				
11:30				
12:00				
12:30				
1:00				
1:30				
2:00				
2:30				
3:00				
3:30				
4:00				
4:30				
5:00				
5:30				
6:00				
6:30				
7:00				
7:30				
8:00				
8:30				
9:00				

NOTES

DEC	SUNDAY 12	MONDAY 13	TUESDAY 14	WEDNESDAY 15
6:00				
6:30				
7:00				
7:30				
8:00				
8:30				
9:00				
9:30				
10:00				
10:30				
11:00				
11:30				
12:00				
12:30				
1:00				
1:30				
2:00				
2:30				
3:00				
3:30				
4:00				
4:30				
5:00				
5:30				
6:00				
6:30				
7:00				
7:30				
8:00				
8:30				
9:00				

DEC	THURSDAY 16	FRIDAY 17	SATURDAY 18	CELEBRATE
6:00				
6:30				
7:00				
7:30				
8:00				
8:30				
9:00				
9:30				
10:00				
10:30				
11:00				
11:30				
12:00				
12:30				
1:00				
1:30				
2:00				
2:30				
3:00				
3:30				
4:00				
4:30				
5:00				
5:30				
6:00				
6:30				
7:00				
7:30				
8:00				
8:30				
9:00				

NOTES

DEC	SUNDAY 19	MONDAY 20	TUESDAY 21	WEDNESDAY 22
6:00				
6:30				
7:00				
7:30				
8:00				
8:30				
9:00				
9:30				
10:00				
10:30				
11:00				
11:30				
12:00				
12:30				
1:00				
1:30				
2:00				
2:30				
3:00				
3:30				
4:00				
4:30				
5:00				
5:30				
6:00				
6:30				
7:00				
7:30				
8:00				
8:30				
9:00				

DEC	THURSDAY 23	FRIDAY 24	SATURDAY 25	CELEBRATE
6:00				
6:30				
7:00				
7:30				
8:00				
8:30				
9:00				
9:30				
10:00				
10:30				
11:00				
11:30				
12:00				
12:30				
1:00				
1:30				
2:00				
2:30				
3:00				
3:30				
4:00				
4:30				
5:00				
5:30				
6:00				
6:30				
7:00				
7:30				
8:00				
8:30				
9:00				

NOTES

DEC

	SUNDAY 26	MONDAY 27	TUESDAY 28	WEDNESDAY 29
6:00				
6:30				
7:00				
7:30				
8:00				
8:30				
9:00				
9:30				
10:00				
10:30				
11:00				
11:30				
12:00				
12:30				
1:00				
1:30				
2:00				
2:30				
3:00				
3:30				
4:00				
4:30				
5:00				
5:30				
6:00				
6:30				
7:00				
7:30				
8:00				
8:30				
9:00				

DEC

	THURSDAY 30	FRIDAY 31	SATURDAY 1	CELEBRATE
6:00				
6:30				
7:00				
7:30				
8:00				
8:30				
9:00				
9:30				
10:00				
10:30				
11:00				
11:30				
12:00				
12:30				
1:00				
1:30				
2:00				
2:30				
3:00				
3:30				
4:00	30 DAY REVIEW			
4:30				
5:00				
5:30				
6:00				
6:30				
7:00				
7:30				
8:00				
8:30				
9:00				

NOTES

30 DAY REVIEW

1. WHAT WORKED?

2. WHAT DIDN'T WORK?

3. DID I HIT MY GOAL(S)? YES ________ NO ________

4. WHAT'S MY PLAN FOR NEXT 30 DAYS?

NOTES

CPSIA information can be obtained
at www.ICGtesting.com
Printed in the USA
BVHW012127230421
605736BV00014B/341

9 781735 053028